From London to Lima

Collected Poems in English & Spanish

M.J. O'Doul

For Josie

Brianna (MMIW)

I am not your cause celebre du jour
Nor the anachronistic sombre hashtag
Between the gaudy glitz and glamour
Of your vainglorious digital life kernels
I was a daughter, sister, aunt and friend
A youthful mass of burgeoning dreams
The ceiling shadow cast by the empty chair
Now a mausoleum of a life less lived
I am one of the six thousand
But not of the three hundred
And not of the fifteen
Who briefly sojourn in the fickle lexicon
I was the runaway who would come back
Yet never did
My case never opened
My story never told
I long to be a staple
In your everyday language
So the spirit of my sisters
Can live long beyond their suffering.

Brianna (MMIW)

No soy tu causa celebre du jour
Ni el anacrónico y sbrío hashtag
Entre el brillo llamativo y el glamour
De tus vanagloriosos núcleos de vida digital
Yo era una hija, hermana, tía y amiga
Una masa juvenil de sueños florecientes
La sombra del techo proyectada por la silla vacía
Ahora un mausoleo de una vida menos vivida
Soy uno de los seis mil
Pero no de los trescientos
Y no de los quince
Que permanecen brevemente en el léxico voluble
Yo era el fugitivo que regresaría
Sin embargo, nunca lo hice
Mi caso nunca se abrió
Mi historia nunca
Dijo que anhelo ser un elemento básico en su lenguaje
cotidiano para que el espíritu de mis hermanas pueda
vivir mucho más allá de su sufrimiento.

The Walls Are Alive

The walls are alive
With shadows of unrendered memories
Like muted shape notes
That breathe no lyre of sweet music
And can but dream a merry tune
Of childlike jollity
The empty space where he once sat
Casts a scorched faceless shape
On the ceiling next to hers
A last gasp of undying love
From a heavy heaving heart
That ceased behind enemy lines
Far beneath the mangled debris
Of crimson, rust and metal
And the echoes of a last breath
Weighed down by regret
Stirs the last smoke of a promise
That was never to keep.

Las Paredes Estan Vivas

Las paredes están vivas
Con sombras de recuerdos no representados
Como notas de formas apagadas
Que no respiran lira de dulce música
Y sólo pueden soñar una alegre melodía
De alegría infantil
El espacio vacío donde una vez se sentó
Proyecta una forma chamuscada sin rostro
En el techo junto al de ella
Una última Jadeo de amor eterno
De un corazón agitado y pesado
Que cesó detrás de las líneas enemigas Lejos debajo de
los escombros destrozados
De carmesí, óxido y metal
Y los ecos de un último aliento
Agotado por el arrepentimiento
Agita el último humo de una promesa
Que nunca se cumplió.

The Moon Over the Canyon

As the sun retires
Behind a chorus of fading clouds
And the crystal sky imbues its last
With a reflection of oceanic blue
To disperse the dying day
At the zenith of its azure
A faint whisper of the moon
Looms large in the distance
Turning red rock bone grey
Under the hood of burgeoning shadow
While the eerie silence chills
Before the rustle of a thousand echoes
The embattled cries of fallen Warriors
Whose noble blood was shed upon these sands.

La Luna Sobre el Cañón

Mientras el sol se retira
Detrás de un coro de nubes que se desvanecen
Y el cielo cristalino imbuye su último
Con un reflejo de azul oceánico
Para dispersar el día moribundo
En el cenit de su azul
Un débil susurro de la luna
Se cierne grande en la distancia
Se vuelve gris hueso de roca roja
Bajo el capó de una sombra floreciente
Mientras el inquietante silencio se congela
Ante el susurro de mil ecos
Los gritos de batalla de los Guerreros caídos
Cuya noble sangre fue derramada sobre estas arenas.

Buttercups in The Crevice

Halcyon beauty blossomed
In the cove where nothingness reigned
As the buttercups emerged from the crevice
And bloomed into the blue of day.

Ranunculos en La Gieta

La belleza feliz floreció
En la cala donde reinaba la nada
Mientras los ranúnculos emergían de la grieta
Y florecían en el azul del día.

The Lone Magpie

The lone magpie
Placid and impervious
Watching over all
From a bare-leaved branch
Of a wind-battered tree
Stoic and defiant
Like an unshaken pillar
Perched high above
The madding chaos on the ground.

La Urraca Solitaria

La urraca solitaria
Plácida e impermeable
Vigilando todo
Desde una rama de hojas desnudas
De un árbol azotado por el viento
Estoica y desafiante
Como un pilar inquebrantable
En lo alto del caos enloquecedor del suelo.

X/Y

I am
An answer to two questions
A solution to two equations
A destination of two odysseys
A triumph of two struggles
A flag of two nations
An anthem of two tribes
A rhythm of two songs
A water of two oceans
I am
I am.

X/Y

Soy
Una respuesta a dos preguntas
Una solución a dos ecuaciones
Un destino de dos odiseas
Un triunfo de dos luchas Una bandera de dos naciones
Un himno de dos tribus
Un ritmo de dos canciones Un agua de dos océanos
Soy
Soy.

The Hidden Hero

To home he returned
From dangers on distant battlefields
Where he dripped his youthful ebullience
To save two-score and ten of lifeblood
The wistful spark in his eye gave out
Submitting to a jaded grey
Tinting with weary cynicism
A view of a town no longer his own
Walking the cobbles day and night
Hustling for scraps of scraps
Eking away the decades
Until he's lionised after death.

El Héroe Escondido

A casa regresó
De los peligros en campos de batalla distantes
Donde goteó su exaltación juvenil
Para salvar veinte y diez de sangre
La chispa nostálgica en sus ojos se apagó
Sometiéndose a un gris hastiado
Teñido con cinismo cansado
Una vista de una ciudad que ya no es la suya
Caminando por los adoquines día y noche
Apresurándose por restos de sobras
Aguardando décadas
Hasta que sea adorado después de la muerte.

Mercy Rain

Rumble thunder crashing hard
Stoking the sleep of warrior spirits
Eyes of great hunters
Now static in the wind
Watching over all
From sun until moon
As timid birdsong recedes
Into pillars of dwindling daylight
The heavens burst forth
With a rush of mercy rain.

Lluvia de Misericordia

El trueno retumba con fuerza avivando el sueño de los
espíritus guerreros
Ojos de grandes cazadores
Ahora estáticos en el viento
Vigilando todo
Desde el sol hasta la luna
Mientras el tímido canto de los pájaros se aleja
En pilares de luz del día menguante
Los cielos estallan
Con una ráfaga de lluvia misericordiosa.

Killing Time

Cold sharp hands
Of steely precisión
Welded to an abyss
Borne from darkness unstirred
Coiled to tick
In unwatched silence
Raining axe on pain and pleasure alike.

Matando Tiempo

Manos frías y afiladas
De precisión acerada
Soldadas a un abismo
Nacidas de la oscuridad imperturbables
Enroscadas para hacer tictac
En silencio no observado
Lloviendo hacha sobre el dolor y el placer por igual.

The Red of The Roses

The red of the roses
Most beauteous vermillion
Beacons of love
Among the emerald periphery
Grew bolder and bolder
With each passing day
Their roots and stems feeding
Off the ashen remnants
Of despots and saints alike
The minutiae of their deeds
Both good and bad
Now welded to the soil below
Some are more pauper
And others more regal
But none is more red or les red than the other.

El Rojo de Las Rosas

El rojo de las rosas
El bermellón más hermoso
Faros de amor
Entre la periferia esmeralda
Se hacían más y más audaces
Con cada día que pasaba
Sus raíces y tallos se alimentaban de los restos
cenicientos
De déspotas y santos por igual
Las minucias de sus actos
Tanto buenos como malos
Ahora soldados al suelo de abajo
Algunos son más pobres Y otros más reales
Pero ninguno es más rojo o menos rojo que el otro.

Old Loves

We remember of old loves
When they were
And that they are no more
Along with the fervour
That came with every move they made
But never can recall
The precise momento
From which they ceases to be.

Viejos Amores

**Recordamos de viejos amores
Cuando fueron
Y que ya no están
Junto con el fervor
Que venía con cada movimiento que hacían pero
Nunca podemos recordar
El momento preciso
En el que dejaron de ser.**

Reservation Lullaby

Crickets cradle and chirp
In the infinite distance
Stirring the tranquil slumber
Of the pitch black nether
As nascent stars emerge
To the call of tribal yawps
And behind waning eyes
Beat defiant warrior hearts.

Reserva de Cancion de Cuna

Los grillos se acunan y chirrían
En la distancia infinita
Agitando el sueño tranquilo
Del fondo negro como
Boca de lobo mientras las estrellas nacientes emergen
Al llamado de los aullidos tribales
Y detrás de los ojos menguantes
Laten corazones guerreros desafiantes.

The Deed

The heinous deed died
A bloody death upon its doing
But first lived a thousand tempestuous lives
Boiling blood that once ran cold
Filling dark silences with a demon's whisper
Dominating passing thoughts
Consuming minutes, hours, days and nights
Behind the author's ice of ice.

El Acto

El acto atroz murió
Una muerte sangrienta al cometerlo
Pero primero vivió mil vidas tempestuosas
Sangre hirviendo que una vez se enfrió
Llenando silencios oscuros con el susurro de un
demonio
Dominando pensamientos pasajeros
Consumiendo minutos, horas, días y noches
Detrás del hielo de hielo del autor.

The Lilac Butterfly

An impetuous summer miracle
Among the greying still
Of a stolen spring
Singing its song of hope
In the line of sunset's stirring fire
Its petal-thin wings dappled
With the halcyon entrails
That are the day's remains
Colouring the periphery
A million shades of its lilac beauty.

La Mariposa Lila

Un impetuoso milagro de verano
Entre el silencio grisáceo
De una primavera robada
Cantando su canción de esperanza
En la línea del fuego agitado del atardecer
Sus alas delgadas como pétalos moteadas
Con las entrañas felices
Que son los restos del día Coloreando la periferia
Un millón de matices de su belleza lila.

The City of Friends

I live in a city of friends
A circle of creeds
A cul-de-sac of faiths
Impervious to the darkness
The grid lit up
By the light of giving
Orchards Bloom
With the fruit of kindness
A forcefield of greatness
A dome of hope
No walls, no borders
The City of Friends.

La Ciudad de Los Amigos

Vivo en una ciudad de amigos
Un círculo de credos
Un callejón sin salida de fes Impermeable a la
oscuridad
La rejilla iluminada
Por la luz de dar
Los huertos florecen
Con el fruto de la bondad
Un campo de fuerza de grandeza
Una cúpula de esperanza
Sin paredes, sin fronteras
La Ciudad de Los Amigos.

Isolation

I craved isolation
Like a serene equinox
In the desert of busy.

Aislamiento

Ansiaba el aislamiento
Como un equinoccio sereno
En el desierto del ajetreo.

Frosted Time

**Frosting on the watch's face
Blurring the continuum
Rendering time obsolete.**

Tiempo Helado

Glaseado en la esfera del reloj
Desdibujando el continuo
Haciendo que el tiempo quede obsoleto.

Tainted Victory

Victory comes late
When war is fought
Arriving only as a bookend
To the tears and the terror
Once the last Shell has hit the ground
And the final drop of crimson rain has fallen
Serving only as a dam
For the ocean of bloodshed
The ticker tape parade marches
Over the bodies of fallen comrades
For defeat truly came
When the opening shot was fired.

Victoria Contaminada

La victoria llega tarde
Cuando se libra la guerra
Llegando sólo como un sujetalibros
A las lágrimas y el terror
Una vez que el último proyectil ha golpeado el suelo
Y la última gota de lluvia carmesí ha caído
Sirviendo sólo como una presa
Para el océano de derramamiento de sangre
Las marchas del desfile de cintas teletipo
Sobre los cuerpos de los camaradas caídos
Porque la verdadera derrota llegó
Cuando se disparó el primer tiro.

Smile of Vengeance

Pained is the smile
Of feigned civility
Painted hard
Upon a fase of stoic granite
That betrays a thousand promises made
In the name of bloody vengeance to come.

Sonrisa de Vengaza

Dolorosa es la sonrisa
De fingida civilidad
Pintada duramente
Sobre una fase de granito estoico
Que traiciona mil promesas hechas
En nombre de la sangrienta venganza por venir.

The Thrillseeker

He stalked the strip
In the small of night
Where the faceless numbers bear no name
The sky's noir bruised
By a humbled scowl of menace
Its ether a pungent mix
Of jasmine and bourbon
Scouring the crumbled corners
Abandoned by the lurid neon
Looking for a fallen angel
To cast in the role of lover
Lips of a stranger's rented lust
To kiss the lonely void.

El Buscador de Emociones

Acechaba la tira
En la oscuridad de la noche
Donde los números sin rostro no tienen nombre
El cielo negro magullado
Por un humilde ceño de amenaza
Su éter una mezcla picante
De jazmín y bourbon
Recorriendo las esquinas desmoronadas
Abandonado por el neón espeluznante
Buscando un ángel caído
Para elegido en el papel de amante
Labios de la lujuria alquilada de un extraño
Para besar el vacío solitario.

Trees of Gdansk

Statuesque white trees
Stripped bare of both leaves and branches
Free of big city iniquity.

Arboles de Gdansk

Árboles blancos esculturales
Despojados de hojas y ramas
Libres de la iniquidad de la gran ciudad.

Memories

Work, play, live, love, party, drink, feast, dance
We do it in the moment
Just to make a momento
That will never pass again
But for in the theatre of the mind.

Recuerdos

Trabajar, jugar, vivir, amar, festejar, beber, festejar, bailar
Lo hacemos en el momento
Sólo para crear un momento
Que nunca volverá a pasar
Excepto en el teatro de la mente.

The Ocean of The Past

Heavy burdens in bags
Dead issues
Dumped in the ocean of the past.

El Oceano del Pasado

Cargas pesadas en bolsas
Problemas muertos
Arrojados al océano del pasado.

Altneuland

Two tribes
Two vibes
No hate
Side by side
One community
Winning through unity
With one nation
They abide
Building bridges
Burying grudges
Far beneath
The sacred sand
Heart in heart
Soul in soul
Together in this Altneuland.

Vieja Tierra Nueva

Dos tribus
Dos vibraciones
Sin odio
Lado a lado
Una comunidad
Ganar a través de la unidad
Con una nación permanecen
Construyendo puentes
Enterrando rencores
Muy por debajo
La arena sagrada
Corazón en corazón
Alma en alma
Juntos en esta Vieja Tierra Nueva.

Gold in The Darkness

Casings of struggle's fallen bullets
Line the pathway
To absolute victory
While the victor stands tall
Marked by the shots that hit
Emboldened by those that missed
Defined by neither
And more powerful than all.

Oro en La Oscuridad

Los casquillos de las balas caídas de la lucha
Bordean el camino hacia la victoria absoluta
Mientras el vencedor se mantiene erguido
Marcado por los disparos que impactan
Envalentonado por aquellos que fallaron
Definido por ninguno
Y más poderoso que todos.

The Good Soldier

The good soldier
Noble and stoic
Cares not for the imperialist agenda
Drawn up in darkly lit war rooms
That pulled him far from home and haven
Into a world of undying danger
Peril that knows neither day nor night
Surrenders not to the clack of a freshly-punched card
Doesn't cease for days most sacred and holy
And tires not under the endless mass
Of days, weeks and months lost to the terror
He neither condones nor condemns
But quietly follows orders
Braving craven hellfire from a hidden hand
Which would otherwise shake his
An enemy by default only cast in the role
By politcal lines and pure blind chance
Marking off the desperate days
And yearning for another
When the mortar fire will give way
To joyous shooting stars.

El Buen Soldado

El buen soldado
Noble y estoico
No le importa la genda imperialista
Elaborado en salas de guerra oscuramente iluminadas
Que lo alejaron de su hogar y refugio
A un mundo de peligro eterno
Peligro que no conoce ni el día ni la noche
No se rinde al ruido de una tarjeta recién perforada
No cesa durante los días más sagrados y santos
Y no se cansa bajo la masa interminable
De días, semanas y meses perdidos por el terror
Él ni tolera ni condena
Pero silenciosamente sigue órdenes
Desafiando el cobarde fuego del infierno de una mano
oculta
Que de otro modo sacudiría su
Un enemigo por defecto sólo desempeña el papel
Por líneas políticas y pura casualidad ciega
Marcando los días desesperados Y anhelando otro
Cuando el fuego de mortero dará paso a la alegría
estrellas fugaces.

The Island of The Lone Star

The greying clouds parted
In greying symmetry
Forming an idyllic island
Of transluscent purple damask
Where a drifting star made its home.

La Isla de La Estrella Solitaria

Las nubes grises se separaron
En simetría grisácea
Formando una isla idílica
De damasco púrpura translúcido
Donde una estrella a la deriva hizo su hogar.

The Ageing Battlehound

The ageing battlehound
Way out in the weeds
Proudly bearing the pained mementos
From a million immortalised battles
Patter of long-dead artillery fire
Etched Deep in memory's echo
Canned whistles of its squealing menace
Live on beneath age-clotted wounds
No solace in new-found peace
Nor glee in triumphs past
Memories linger no more
But for the ones that got away
And so he watches high and low
Lying in wait for a slither of firefight
Just to stand for the briefest momento
Under the sun of bygone glories.

El Perro de Batalla Envejecido

El viejo perro de batalla entre la maleza
Portando con orgullo los recuerdos dolorosos
De un millón de batallas inmortalizadas
Golpe de fuego de artillería muerto hace mucho
tiempo
Grabado profundo en el eco de la memoria
Silbatos enlatados de su amenaza chillona
Vive debajo de las heridas coaguladas por el tiempo
No hay consuelo en la paz recién encontrada
Ni alegrarse por los triunfos del pasado
Los recuerdos ya no persisten excepto para los que se
escaparon
Y por eso observa alto y bajo
Al acecho de un tiroteo solo para permanecer por un
breve momento
Bajo el sol de glorias pasadas.

The Good Soldier II

There its sullenly lies
In a tightly-coiled pile
Beneath his bunk
As clear as the day he left it
Save for the dried tears
That chased it from his soul
His humanity
Shied away in the wake
Of bombastic corporal bellowing
And frozen silent
By a blanket party beating
Replaced by a vacant stare
Fit for a thousand yards
Laden with bloodshed, screams and death
For war has no use
In the thing he left behind
He vows to reclaim it
Once the last Shell is cold on the ground
Become a man of compassion once more
But this is his last night on the island
And fear's memory would keep him from returning
To its mausoleum of terrors
So he can but hope
That it will find him
When the last errant mortar falls
Far from his gaze of ice.

El Buen Soldado II

Allí yace hoscamente
En una pila apretadamente enrollada
Debajo de su litera
Tan claro como el día en que la dejó
Excepto por las lágrimas secas
Que lo ahuyentaron de su alma
Su humanidad se escapó tras
Los grandilocuentes bramidos corporales Y congelado
en silencio
Por una fiesta de mantas latidos
Reemplazados por una mirada vacía
Aptos para mil metros
Cargados de derramamiento de sangre, gritos y muerte
Porque la guerra no sirve de nada
En lo que dejó atrás
Él promete recuperarlo
Una vez que el último proyectil se enfríe en el suelo
Conviértete en un hombre compasivo una vez más
Pero esta es su última noche en la isla
Y el recuerdo del miedo le impediría regresar
A su mausoleo de terrores
Así que sólo puede esperar
Que lo encuentre
Cuando el último mortero errante caiga
Lejos de su mirada de hielo.

The Good Soldier III

The good soldier
Now gone so long
That the danger zone is now home
And the haven he left behind
Is but a faraway land
In both geography and memory
He once marked off the days
Punching his card with the fall
Of each empty clip
Yet the conflict replenishes
In equal rapidity
To the spent ammunition
For while enmity is finite
This is an election year
He accepted long ago
That the life he knew
Was lost to yesterday
And now he rues the days that pass
Unblemished by firefight
Now favouring the sight of mortar fire
Over the sparkle of shooting stars
His country has forgotten him
Yet he ploughs on regardless
For he stopped fighting their war
A long time ago
And began in earnest
To mount his own.

El Buen Soldado III

El buen soldado
Ya se fue por tanto tiempo
Que la zona de peligro ahora es su hogar
Y el refugio que dejó atrás
No es más que una tierra lejana
Tanto en la geografía como en la memoria
Una vez marcó los días
Perforando su tarjeta con la caída
De cada cargador vacío
Sin embargo, el conflicto se repone
Con igual rapidez A la munición gastada
Porque mientras la enemistad sea finita
Este es un año electoral
Aceptó hace mucho tiempo
Que la vida que conocía
Se perdió en el ayer
Y ahora lamenta los días que pasan
Sin mancha por los tiroteos
Ahora prefiriendo la vista del fuego de mortero
Sobre el brillo de las estrellas fugaces
Su país lo ha olvidado
Sin embargo, sigue adelante independientemente
Porque se detuvo peleando su guerra
Hace mucho tiempo
Y comenzó en serio
A montar la suya propia.

Por Josie. Ahora y siempre.

Printed in Great Britain
by Amazon

03eee1b5-8eca-4194-b32e-23f956b25662R01